Monika Twachtm

Fensterbilder Blumen und Tiere

FALKEN

Zum Thema Fensterbilder sowie Basteln mit Papier sind bei FALKEN zahlreiche Bücher erschienen. Fragen Sie Ihren Buchhändler.

CIP-Titelaufnahme der Deutschen Bibliothek

Twachtmann, Monika:
Fensterbilder Blumen und Tiere / Monika Twachtmann. –
Niedernhausen/Ts.: FALKEN, 1989
(Schönes Hobby)
ISBN 3-8068-5186-7

ISBN 3 8068 5186 7

Titelbild: Isabella Wirth, Wiesbaden
Fotos: Wolfgang Zöltsch, pool-Studios, Griesheim
Reinzeichnung des Vorlagebogens: Ulrike Hoffmann, Bodenheim
Layout: Design Christiane Rauert, Dortmund

Satz: Dinges+Frick, Wiesbaden
Druck: Mairs Graphische Betriebe GmbH, Ostfildern (Kemnat)

817 2635 4453 6271

INHALT

Dieses Fensterbild, das auf Seite 25 genauer beschrieben wird, sieht ebenso hübsch aus, wenn man es als Mobile unter die Zimmerdecke oder an einen dekorativen Zweig, der in einer Vase steht, hängt. Man kann dann zusätzlich weitere Bienen anfertigen und sie einzeln mit Fäden an dem Zweig verteilen

MATERIAL UND WERKZEUG

Was Fensterbilder so beliebt macht, ist sicherlich auch die Tatsache, daß man sie vorwiegend aus Papier und Karton gestalten kann. Beides ist preiswert und in vielen Farben zu haben, außerdem leicht zu verarbeiten – und wenn doch mal ein Stück nicht ganz gelingt, ist das kein großer Verlust.
Wenn Sie sich die Anleitungen gut ansehen und den Vorlagebogen zur Hilfe nehmen, werden Sie sich bald auch an kompliziertere Fensterbilder heranwagen. Vorab noch etwas zu den Materialien.

PAPIER UND KARTON

Tonkarton und Tonpapier sind die wesentlichen Bestandteile eines Fensterbildes. Tonkarton besitzt eine größere Festigkeit und gibt dem Bild Stabilität. Das dünnere Tonpapier läßt sich leichter schneiden; es eignet sich daher gut für doppelte Schnitteile, ist aber nicht so lichtbeständig.
Weißer Bristolkarton ersetzt in meinen Arbeiten oftmals den weißen Tonkarton. Er ist stabil und zeichnet sich durch ein intensiveres Weiß aus.
Architektenpapier (Transparentpapier) wird gebraucht, um damit die zarten Flügel von Bienen und Libellen herzustellen. Es wird in verschiedenen Größen und in Blöcken angeboten (Entwurfblock). Außerdem kann man mit diesem Papier Motive vom Vorlagebogen durchzeichnen. Ersatzweise kann man auch Butterbrotpapier nehmen.
Seidenpapier dient zum Hinterkleben der Transparentbilder. Es wird in vielen Farben in einzelnen Bögen oder in Packungen angeboten. Sie können aber auch das übliche Basteltransparentpapier oder Drachenpapier verwenden; die Bildwirkung ist jedoch nicht genau gleich.

ANDERE DINGE

Nähgarn benötigen Sie nicht nur, um Ihr Fensterbild aufzuhängen, sondern Sie befestigen damit auch einzelne Teile innerhalb des Bildes, zum Beispiel fliegende Insekten. Wählen Sie das Garn daher nach der überwiegenden Farbe Ihrer Arbeit.
Aus Besenborsten stelle ich die Fühler von Bienen und anderen Insekten her. Da man nur wenige davon braucht, schadet das Ihrem Besen nicht.

Materialien für Fensterbilder gibt es in großer Auswahl. Auf dem Foto: Tonkarton, Tonpapier, Seiden- und Transparentpapier, Bristolkarton, Architektenpapier, Nähgarn und Besenborsten. Wer selten bastelt, braucht nicht die großen Bögen zu kaufen. Es gibt auch kleinere Blöcke und Mappen, die eine bunte Palette aller wichtigen Farben enthalten

WERKZEUGE UND HILFSMITTEL

Alles, was Sie sonst noch benötigen, stelle ich in der Reihenfolge vor, in der die Dinge gebraucht werden. Vieles davon werden Sie im Haus haben.
Mit Butterbrot- oder Architektenpapier (Transparentpapier) und einem Bleistift lassen sich am besten alle Teile vom Vorlagebogen durchzeichnen, die Sie für das gewählte Motiv brauchen; ein Anspitzer und ein Radiergummi sollten immer bereitliegen.
Mit Schneiderkopierpapier übertrage ich die Umrisse der Motivteile auf das entsprechende Tonpapier. Im Gegensatz zu Kohle- oder Blaupapier schmiert es nicht, unerwünschte Linien lassen sich gut wegradieren.
Scheren können Sie in verschiedenen Größen gebrauchen, je nachdem, ob Sie große oder kleinteilige Formen ausschneiden müssen (Haushalts-, Stick- und Nagelschere). Ein Bastelmesser (Cutter) und ein Holzlineal mit Metallkante sind für gerade Schnitte nützlich. Als Unterlage verwende ich eine dicke Pappe.
Müssen Teile doppelt ausgeschnitten werden, heftet man Papier mit dem Klammerhefter (Tucker) zusammen.
Kleine runde Teile stellt man mit dem Locher oder mit der Lochzange her. Mit einer Pinzette setzt man sehr kleine Teile an das Fensterbild.
Pritt Papierkleber oder Pritt Alleskleber hält das Kunstwerk zusammen. Filzstifte in verschiedenen Farben sorgen für die letzten Details; mit Nadel und Faden stellen Sie die Aufhängung her.

Ein Veilchen – wie solch ein Fensterbild entsteht, können Sie auf den nächsten Seiten verfolgen

Schere, Bastelmesser und Klebstoff sind sicher die wichtigsten Utensilien. Doch auch die anderen Dinge erleichtern die Arbeit, so daß das Basteln gleich noch mehr Spaß macht

VON DER VORLAGE ZUM FENSTERBILD

SCHABLONEN HERSTELLEN

Weil viele Motivteile in meinen Bildern sehr häufig vorkommen (zum Beispiel kleine Blüten), werden solche Elemente auf dem Vorlagebogen nur einmal abgebildet. Damit man den Bogen schont und nicht jedesmal die gleichen Linien abpausen muß, stellt man sich besser für alle Teile, die zu einem Bild gehören, Schablonen her. Man kann sie immer wieder verwenden.

Die drei Motivteile sind schon auf Butterbrotpapier durchgezeichnet. Mit gelbem Schneiderkopierpapier werden die Umrisse auf den Schablonenkarton übertragen

Die gelben Umrißlinien sind auf dem schwarzen Fotokarton gut zu erkennen. Schneiden Sie alle Schablonen aus

AUSSCHNEIDEN UND ZUSAMMENFÜGEN

Mit Hilfe der Schablonen können Sie bequem alle benötigten Teile aus Tonpapier oder -karton zuschneiden. Wenn Sie häufiger Fensterbilder machen, empfehle ich Ihnen, alle zu einem Bild gehörenden Schablonen separat in Klarsichthüllen aufzubewahren und einen Zettel dazuzulegen – dann gerät Ihnen nichts durcheinander.
Auf dem Vorlagebogen finden Sie in einem Kasten noch einmal alle Fensterbilder mit der Anzahl ihrer verschiedenen Motivteile aufgeführt. An den Umrißlinien selbst steht dann noch, wie oft und aus welchem Material Sie das jeweilige Teil benötigen. Außerdem ist vermerkt, ob Sie es dabei einzeln oder aus einer doppelten Lage Papier zuschneiden müssen. Wichtig ist, daß Sie alles sorgfältig ausschneiden – um so mehr Freude haben Sie später an Ihrem Bild.

Legen Sie die Schablone auf das Tonpapier, und halten Sie sie gut fest, wenn Sie den spitzen Bleistift an allen Innen- und Außenkonturen entlangführen. Papier für doppelte Teile muß breit genug sein

Damit man doppelt benötigte Teile gleichzeitig schneiden kann, faltet und heftet man das Papier zusammen. Das ist besonders bei großen Formen sehr wichtig, damit beim Schneiden nichts verrutscht

Bei Formen mit Innenausschnitt schneiden Sie diese Fläche zuerst nur grob aus und führen erst danach die Schere zur Konturlinie, die Sie dann sorgfältig mit wegnehmen

Drehen Sie das Papier beim Schneiden langsam in die sich schließende Schere. Fertige doppelte Teile legen Sie zusammen an die Seite

Damit viele doppelt hergestellte Teile nicht durcheinander kommen und hinterher paßgenau gegeneinandergeklebt werden können, kennzeichnet man sie innen dünn mit kleinen Zahlen

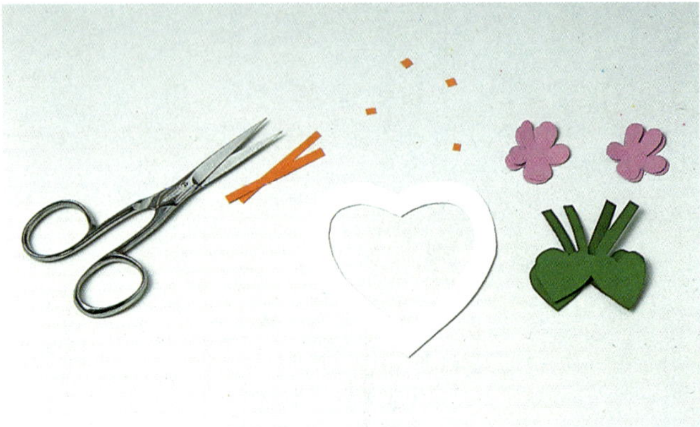

Alle vom Vorlagebogen übertragenen Teile sind nun ausgeschnitten und auf Vollständigkeit überprüft. Kleine Zusatzelemente (hier die Blütenpollen) schneidet man sich ohne Vorlage aus

Die ersten Blätter mit Stengel werden von einer Seite gegen den herzförmigen Rahmen geklebt

Von den beiden doppelt geschnittenen Blüten nehmen Sie jeweils ein Teil weg und kleben beide (mit der Zahlenseite) von außen gegen die Stengel

Jetzt kleben Sie die Blätter von der anderen Seite auf. Wenn die Zahlen innen liegen, müßten die Teile genau aufeinanderpassen. Der weiße Rahmen ist nun von den Blättern eingeschlossen

Mit den Blüten verfahren Sie genauso. Achten Sie auf die Kennzeichnung der Innenflächen, und prüfen Sie zuerst, ob die Teile genau übereinanderpassen, bevor Sie sie endgültig festkleben

Zum Schluß kleben Sie die winzigen Blütenpollen von beiden Seiten auf das Veilchen. Eine Pinzette erleichtert Ihnen in solchen Fällen die Arbeit

TRANS-PARENTE BILDER

Häufig werden solche Fensterbilder aus nur einer Lage Tonpapier zugeschnitten und mit dem transparenten Papier hinterklebt. Das hat jedoch den Nachteil, daß sie nur von einer Seite hübsch anzusehen sind. Da sie aber das Fenster von innen und von außen schmücken sollen, möchte ich Ihnen zeigen, wie man mit einer doppelten Lage Tonpapier dieses Problem lösen kann.

Weil in der Regel viele Innenschnitte nötig sind (um diese Flächen später mit transparentem Papier auszufüllen), empfehle ich, hier mit einer kleinen Schere zu arbeiten. Nur Geübte sollten zum Bastelmesser greifen.

Weil auf den vorigen Seiten schon viele Arbeitsschritte gezeigt wurden, stelle ich hier nur die wichtigsten Vorgänge an einem Transparentbild dar.

Das Motiv wurde vom Vorlagebogen mit Schneiderkopierpapier auf das Tonpapier übertragen. Dann heftet man eine zweite Lage Papier darunter, bevor man innen, dann außen alles Überflüssige wegschneidet

Legen Sie das Seidenpapier auf die einzelnen oder zusammenhängenden Flächen, und zeichnen Sie die Konturen mit etwas Randzugabe (wichtig zum Kleben) nach. Schneiden Sie die Formen sorgfältig aus

Legen Sie zuerst probeweise die Stücke auf die Seite mit der eventuell noch sichtbaren Vorzeichnung. Kleben Sie schließlich alles fest; das schwarze Gegenstück setzen Sie paßgenau darüber

NÜTZLICHE TIPS

∗ Schneiden Sie die Motivteile immer so aus, daß dabei die vorgezeichneten Konturlinien entfernt werden. Das sieht ordentlicher aus und erspart das Radieren.

∗ Setzen Sie die Schere niemals direkt auf den Umrißlinien an, sondern schneiden Sie von der Seite her darauf zu, um unschöne Ansatzstellen zu vermeiden.

∗ Gerade bei Innenformen schneidet man die Fläche am besten zuerst grob aus, bevor man sich an die Feinheiten der Kontur heranmacht. So kann man wesentlich leichter mit der Schere hantieren.

∗ Bewegen Sie beim Schneiden nicht die Schere um die Formen herum, sondern drehen Sie das Papier in die sich langsam schließenden Schneideflächen hinein.

∗ Bei gezackten Teilen (Sterne zum Beispiel) setzt man die Schere für jede gerade Linie neu an.

∗ Hochgewölbte Schnittkanten sollten Sie mit der Fläche des Fingernagels oder den Scherengriffen glätten.

∗ Arbeiten Sie sorgfältig mit dem Klebstoff, und legen Sie sich eine Unterlage auf den Tisch. Klebstoffflecken machen ein Fensterbild nicht schöner.

∗ Suchen Sie am oberen Rand des fertigen Fensterbildes durch Ausbalancieren (mit Daumen und Zeigefinger) den Aufhängepunkt, bevor Sie einen Faden einziehen.

∗ Wer oft Fensterbilder oder ähnliches bastelt, sollte alle Materialreste in einer Mappe sammeln. Auch kleine Teile kann man immer gut gebrauchen.

∗ Vorgegebene oder selbstentworfene Motive können Sie bequem verkleinern oder vergrößern; in den meisten Copyshops gibt es dafür geeignete Geräte.

FENSTERGALERIE

Einzeln oder paarweise können Sie dieses und das gegenüberliegende Bild an Ihrem Fenster aufhängen. Oder Sie stellen gleich vier solcher Bogenfenster her und entwerfen für die anderen beiden zwei ganz neue Blumendekorationen

Die Fensterrahmen selbst habe ich jeweils aus dem leuchtend weißen Bristolkarton hergestellt. (Man sollte zumindest den festen Tonkarton verwenden.) Die Rahmen werden nur einfach, fast alle anderen Teile dagegen doppelt zugeschnitten

Besonders hübsch sehen diese Motive an Sprossenfenstern aus. Natürlich kann man sie auch als Zierde an ein Geschenk oder an Zweige in einer Vase hängen

Die über den Stiefmütterchen schwebenden Bienen haben Flügel aus Architektenpapier und Fühler aus Besenborsten. Das schwarze Blüteninnere und die Streifen an den Bienenkörpern malt man einfach mit einem schwarzen Filzstift auf. Fast alle Blätter und Blütenteile werden doppelt ausgeschnitten

Thema mit Variationen – so könnte man die Gruppe der folgenden vier Bilder nennen. Sie haben alle den gleichen Rahmen und lassen sich daher gut miteinander kombinieren. Ganz nach Belieben kann man sie an einem großen Fenster plazieren oder einzeln in die Felder von Sprossenfenstern hängen. Übrigens können Sie sich die Arbeit erleichtern, wenn Sie die Rahmen mit Lineal und Bastelmesser schneiden. Nicht nur bei dieser Primel, sondern auch bei den anderen drei Motiven sind die Rahmen einfach, die Pflanzenteile doppelt ausgeschnitten

Hat man, wie bei der Schlüsselblume, viele gleiche Blüten auszuschneiden, fertigt man sich am besten zuerst eine Schablone an. Sie wird dann einfach immer wieder auf das Tonpapier gelegt und mit dem Bleistift umzeichnet. Das spart Zeit, und Sie müssen nicht immer mit dem großen Vorlagebogen hantieren (siehe Seite 7). Das rote Blüteninnere habe ich übrigens mit einem Filzstift angedeutet

Wie auf den Seiten 7 bis 11 beschrieben, geht man auch bei diesem Bild vor. Zuerst klebt man an eine Seite des Rahmens das Grün, darauf dann die Blüten. Schließlich setzt man die übrigen Teile von der anderen Seite genau deckgleich dagegen. Das Schwarze ist mit dem Filzstift aufgemalt, die Blütenpollen bestehen aus Tonpapier

Wieder hat der weiße Rahmen ein neues Innenleben, diesmal füllen ihn einige Maiglöckchen aus. Wegen der vielen gleichen Blüten ist es auch hier empfehlenswert, sich eine kleine Schablone anzufertigen. Vielleicht haben Sie ja nun weitere Ideen bekommen und entwerfen neue Blumenmotive für diesen Rahmen? Lassen Sie sich anregen

Auf dieser Doppelseite möchte ich Ihnen zwei Transparentbilder vorstellen. Der besondere Reiz liegt hier im Kontrast der beiden Materialien und der Farben. Aus einer doppelten Lage Tonpapier schneidet man die schwarzen Umrisse aus. Alle Zwischenflächen werden dann mit zartem, lichtdurchlässigem Seidenpapier ausgefüllt

Wie solche Bilder hergestellt werden, können Sie auf Seite 12 am Beispiel dieses Tulpenstraußes nachvollziehen. Obwohl Narzissen und Tulpen Frühlingsblumen sind, können Sie mit diesen beiden Motiven auch zu anderen Jahreszeiten Ihr Fenster schmücken

Solche kleinen Fensterbilder wie die Narzissen oder Tulpen sehen nicht nur an der Scheibe gut aus, sondern auch als Geschenkanhänger oder an Zweigen in einer Vase (siehe auch Seite 16)

Mit Lineal und hellbraunem Filzstift habe ich die Linien auf den Bienenkorb gezeichnet; das Ausflugloch, die Augen und Streifen der Bienen entstanden mit schwarzem Stift. Zwischen die doppelt ausgeschnittenen Körper klebt man Fühler (Besenborsten) und Flügel

Damit die Löwenzahnblüten fülliger aussehen, schneidet man alle Kreise, die man zur Blüte übereinanderklebt, ringsum fransig (schmale Dreiecke herausschneiden). Ähnlich verfahren Sie mit den „Fallschirmen". Alle schwarzen Linien am Käfer (Kopf, Fühler, Flügel, Beine) malen Sie mit dem Filzstift zum Schluß auf

Schneiden Sie zuerst das Innere des grünen Rahmens vorsichtig mit dem Bastelmesser oder einer kleinen Schere aus dem Tonkarton aus, danach erst entfernen Sie alles Äußere. Für die Blüten machen Sie eine Schablone. Die Struktur des Nestes entsteht, indem Sie viele kleine Papierschnitzel kreuz und quer auf die braune Grundform kleben

Um dem Bäumchen genügend Stabilität zu geben, sollten Sie den Stamm aus einer doppelten Lage Tonkarton herstellen

Für dieses Fensterbild ohne Rahmen stellen Sie zuerst aus Tonkarton die Wiese als Grundform her. Alle Blumen- und Gänseteile werden doppelt ausgeschnitten. Die Formen der Gänsemutter und der Gänseblümchen müssen dann paßgenau von beiden Seiten gegen die Wiese geklebt werden, wenn die Teile seitlich darüber hinausstehen. Ganz nach Belieben können Sie noch weitere Elemente hinzufügen

Hier ist wieder der Rahmen wichtiger Bestandteil des Bildes. Weil er rechtwinklig ist, können Sie ihn gut mit Lineal und Bastelmesser aus dem Tonkarton herausschneiden. Dann kleben Sie nacheinander die doppelt ausgeschnittenen Teile auf; beginnen Sie am besten mit den Teichpflanzen. Erst danach fügen Sie die Enten, den Käfer und die obere Libelle in das Gesamtbild ein. Zum Schluß bekommt die fliegende Libelle (mit Hilfe eines Fadens) ihren Platz über der Entenfamilie

Dieses transparente Fenstermobile bringt auch bei Regentagen die Sonne in Ihr Fenster. Alle undurchsichtigen Rahmenteile von der Sonne und den Schmetterlingen schneidet man doppelt aus Tonpapier aus und hinterklebt die Innenflächen mit zartem Seidenpapier. Wie das genau gemacht wird, steht auf den Seiten 12 und 13

Der Rahmen stellt hier im unteren Bereich das Wasser dar, deshalb sollte man ihn aus blauem Papier schneiden. Alle doppelt zugeschnittenen Teile für die verschiedenen Pflanzen und Tiere klebt man paßgenau von beiden Seiten gegen den Rahmen. Der Storchenschnabel ist mit einem kleinen Schlitz versehen: schieben Sie dort den Frosch hinein, und kleben Sie ihn etwas an. Die winzigen Augen stanzt man aus